D1930599

Quiesel möchte verreisen

1 Schreibe zu den Erklärungen die passenden Fremdwörter aus den Sprechblasen auf:

besondere Art von Hosen: Jeans________, elektronische Rechenanlage: ____________

Bildergeschichten: ____________, säuerliches Milchprodukt: ____________

Baumwollhemd: ____________, Geldbeutel: ____________

Durcheinander: ____________, großes Unglück: ____________

Mietauto: ________, Andenken: ____________, Innenstadt: ____________

2 Ergänze den Text sinnvoll mit diesen Wörtern:
T-Shirts, City, Taxi, Jeans, Souvenirs, Comics, Joghurt

Quiesel ist im Ferienort angekommen. Im Hotel hängt er die ________ auf den Bügel und legt die ____________ in den Schrank. Dann liest er ____________ und löffelt einen____________. Später bestellt er sich ein ________. Er fährt in die ________. Dort kauft er schöne ____________ für seine Freunde.

Fremde Sprachen

letter	B R I E F ✓	tent	Z E L T ✓
glasses	B R I L L E ✓	parcel	P A K E T ✓
bicycle	F A H R R A D ✓	plane	F L U G Z E U G ✓
island	P A L M E INSEL ✓	fruit	O B S T ✓
fire	F E U E R ✓	horse	P F E R D ✓
bench	B A N K ✓	nut	N U S S ✓
mountain	B E R G ✓	glass	G L A S ✓
bridge	B R Ü C K E ✓	key	S C H L Ü S S E L ✓
cap	M Ü T Z E ✓	tooth	Z A H N ✓
mouse	M A U S ✓	snail	S C H N E C K E ✓
house	H A U S ✓	town	S T A D T ✓

BERGBRÜCKEZWERGHANDTUCHBRIEFSTADTBRILLEURLAUBREISEFAHRRAD
MÜTZENUSSKUSSMAUSTASCHEHAUSSCHNECKEZAHNINSELSTRANDFEUER
ZELTPFERDOBSTPAKETFLUGZEUGBANKSEEMEERSCHLÜSSELGLASTUCH

1 Suche für die englischen Wörter die deutschen Wörter im Kasten.
Streiche sie dort durch, wenn du sie eingetragen hast.

2 Die Lösung heißt: Feriengrüße aus England

3 Schreibe auf, welche Sprachen Quiesel spricht:

HA

4 Unterstreiche den Wortbaustein **-isch**.

Quiesel im Urlaub

Sprache Erlebnis Zahl Urlaub Wetter
Zelt begegnen bedeuten Urlaub
fremd interessieren verstehen grüßen
erinnern Erlebnis Sprache

1 Hier sind Wörter aus Quiesels Fahne versteckt. Schreibe sie vollständig auf:

Sp....	.....b	...eb...	.ah.
...t	..tt..	..g.....	.......ss.....
...nn...	...ß..	...eu...	....eh..
....d	Ur....	....ch.	.......s

2 Unterstreiche die Substantive/Nomen schwarz, die Verben rot, die Adjektive grün.

3 Immer drei Wörter auf den Buchseiten sind verwandt. Markiere sie mit derselben Farbe:

Interesse	Sprache	lebendig	Grüße
deutlich	interessant	Gespräch	interessieren
Bezahlung	Verstand	Bedeutung	sprechen
Verständnis	Erlebnis	zählen	leben
Begrüßung	Zahl	grüßen	verstehen
			bedeuten

4 Schreibe die verwandten Wörter auf:

Interesse – interessant –

Präteritum

Tim auf einem Fischkutter

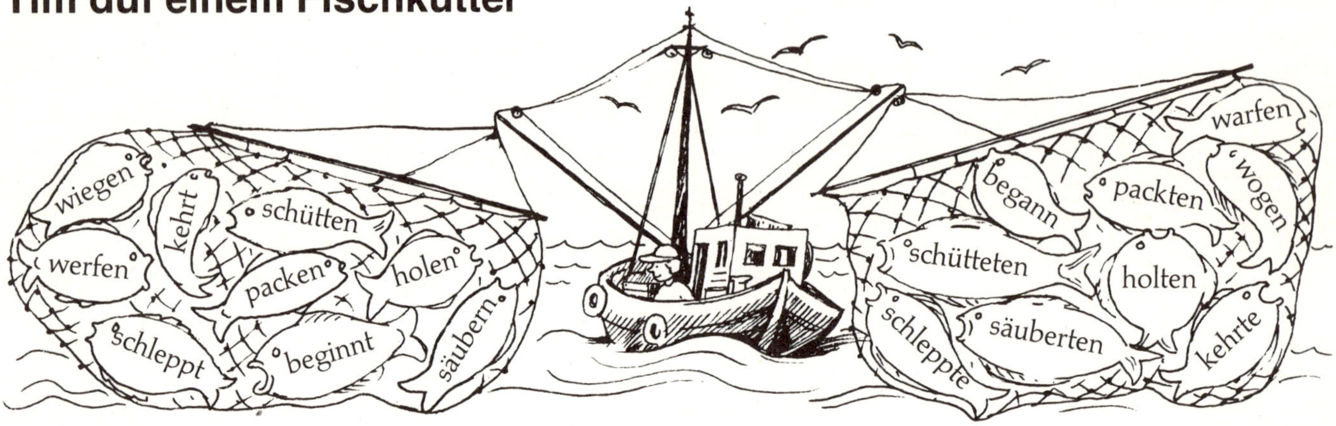

1 Jeweils zwei Fische in den Netzen gehören zusammen. Male sie in derselben Farbe aus.

2 Ergänze den folgenden Text mit den Verben in der Gegenwartsform:

Um vier Uhr morgens ____________ die Arbeit der Fischer. Weit draußen auf der Nordsee ____________ sie das Netz ins Meer. Der Kutter ____________ das Netz zwei Stunden lang durchs Wasser. Dann ____________ die Fischer es an Bord. Sie ____________ die Fische auf das Schiffsdeck. Dort ____________ und ____________ sie sie. Schließlich ____________ sie die Fische in Kisten. Am Abend ____________ der Kutter in den Hafen zurück.

3 Tim schreibt auf, was er gestern erlebt hat. Schreibe in der Vergangenheit:

Um vier Uhr morgens begann ____________

Perfekt

Ein Bastelbild mit Fundstücken

① besorgen / eine flache Schachtel

② mit dem Bleistift / in verschiedene Flächen / die Innenseite der Schachtel / einteilen

③ auf jeder Fläche / Klebstoff verteilen

④ kleine Muscheln / drücken / in die erste Fläche

⑤ mit Holzstücken / bekleben / die nächste Fläche

⑥ mit Sand / eine andere Fläche / bestreuen

⑦ Schneckenhäuser und verschiedene Steine / legen / in die restlichen Flächen

1 Tim erklärt sein Bastelbild. Verwende die zusammengesetzte Vergangenheit:

Zuerst habe ich mir eine ______________________________

____

____

____

____

____

____

____

____

____

Wo schlage ich nach?

Sommerhi…e → ______________

Fischku…er → ______________

Seehun…b…by → ______________ / ______________

Umwel…verschmu…ung → ______________ / ______________

Taschenkre…s → ______________

2 Schreibe die Nomen/Substantive auf, unter denen du nachschlagen musst.

Die Möwe

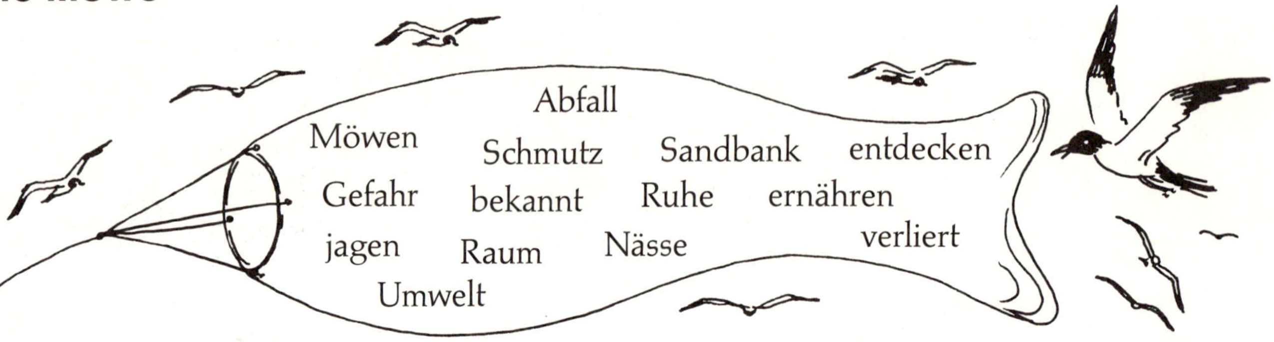

Das Meer ist Lebens- R ________ der Möwen. Hier j ________ sie hinter den Fischkuttern her und geben nicht eher R ________, bis der Kutter ein paar Fische v ________. Der S ________, mit dem die Menschen die U ________ belasten, bedeutet für die M ________ eine große G ________. Denn es ist b ________, dass sie sich auch von dem A ________ e ________, den sie auf einer S ________ e ________.

1 Ergänze den Text mit den Wörtern aus Quiesels Fahne. Hake sie dort ab.

2 Dieses Wort aus der Fahne hast du nicht verwendet: ________

3 Schreibe die Reimpaare, die du im Schlauchboot findest, auf:

________ – ________
________ – ________
________ – ________
________ – ________
________ – ________
________ – ________
________ – ________
________ – ________

Schriftl. Übung

28.10.05

Name:

Auf Schatzsuche

1 Verbinde die Satzglieder und schreibe die Sätze auf:

2 Unterstreiche die Subjekte schwarz, die Prädikate (Verben!) rot.

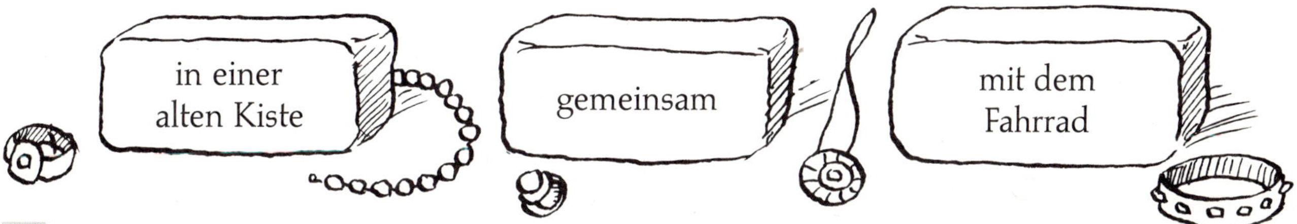

3 Erweitere die Sätze von oben um diese Satzglieder und bringe sie in eine passende Reihenfolge:

Erst

Dann

Schließlich

4 Unterstreiche die Subjekte schwarz und die Prädikate rot.

Mäuse-Abenteuer

1 Zu jedem Wort auf den Käsestückchen passt ein Wort vom großen Käse.
Ergänze **äu** und **eu** in den Käselöchern.

2 Schreibe die Wortpaare auf:

Schnauze – schnäuzte,

3 Unterstreiche **au** und **äu** mit derselben Farbe, unterstreiche **eu** mit einer anderen Farbe.

4 Schreibe den Text auf dem großen Käse ab:

Geheimnisvolle Schriftzeichen

-mschr-	Geheimschrift
-chtg-	Nachtgespenst
-nsschr-	Schmerzensschrei
-rzkl-	Herzklopfen
-tstr-	Blutstropfen
-tztr-	Schatztruhe
-ngstschw-	Angstschweiß

1 Setze die Wörter sinnvoll zusammen und schreibe die zusammengesetzten Wörter auf.

2 Unterstreiche in jeder Linie das erste Wort mit einer Farbe, das zweite Wort mit einer anderen Farbe.

Abenteuer Geheimnis Kiste Schatz Schreck Schuss Zeichen
Plan öffnen außen feucht neugierig spannend ✓ häufig ihnen

3 Trage die Wörter in Druckschrift an der passenden Stelle ein. Hake sie in der Fahne ab.

spannend	Abenteuer
_ h _ _ _	_ i _ _ _
f _ _ _ _ _	_ _ _ r _ _ _
_ f _ _ _ _	_ _ i _ _ _ _
_ l _ _	_ u _ _ _
_ c _ _ _ _	_ _ _ _ _ _ _ _ g
_ _ _ a _ _	_ _ _ f _ _
_ _ _ e i _ _ _ _	

4 Schreibe jedes Wort noch einmal in Geheimschrift dahinter (wie im Beispiel).

Wortarten

Die Umweltbande

Am Bach

1 Male die verwandten Wörter in den Kieseln mit der gleichen Farbe aus.

2 Schreibe die verwandten Wörter in eine Zeile und unterstreiche den Wortstamm:

____

____

____

3 Überlege dir zu jedem Wortstamm im Baumstamm Wörter für die Tabelle:

Adjektiv mit -ig, -lich oder -bar	Nomen/Substantiv	Verben
dankbar	Dank	danken

Aus dem Tagebuch der Umweltbande

Gleich nach dem Frühstü✷ nahm ich meine Ja✷e und fli✷te zu Olga. Wir se✷ten uns auf die Brü✷e über dem Bach, als wir erschre✷t das Unglü✷ entde✷ten. Hinter der He✷e, wo die Maiglö✷chen wachsen, lag eine verle✷te Ka✷e neben einer ausgetro✷neten Pfü✷e. Es war Micky. Sie pu✷te sich vorsichtig ihre Ta✷en. Bli✷schnell wi✷elte ich die Ka✷e in meine Ja✷e, als auch schon ein Bauer mit seinem Tre✷er vorbeikam und uns mitnahm. Der Tierarzt besah sich Micky genau. Dann gab er ihr eine Spri✷e, entfernte Dre✷ und Schmu✷ aus ihrer Wunde und wi✷elte den Verband um ihre Ta✷e. „Sie hat sich an einer spi✷en E✷e verle✷t. Je✷t kann sie sich bald wieder kra✷en“, freute sich der Doktor. (Alexa)

1 Male alle Wörter, in denen **ck** fehlt, rot, alle in denen **tz** fehlt, blau an.

2 Schreibe die Wörter geordnet auf. Trage jedes Wort nur ein Mal ein:

ck-Wörter: ______________________________

____

____

____

tz-Wörter: ______________________________

____

____

Besteckkasten drucken Brücke Rücken hocken Wrackteile gucken Lackdose Wolldecke Deckel Rucksackschnalle blicken

3 Schreibe die Wörter im Kasten in Silben getrennt auf. Manchmal steht das **ck** am Ende, manchmal am Anfang der Silbe:

Be-steck-kas-ten, ______________________________

____

____

____

Jens ärgert sich

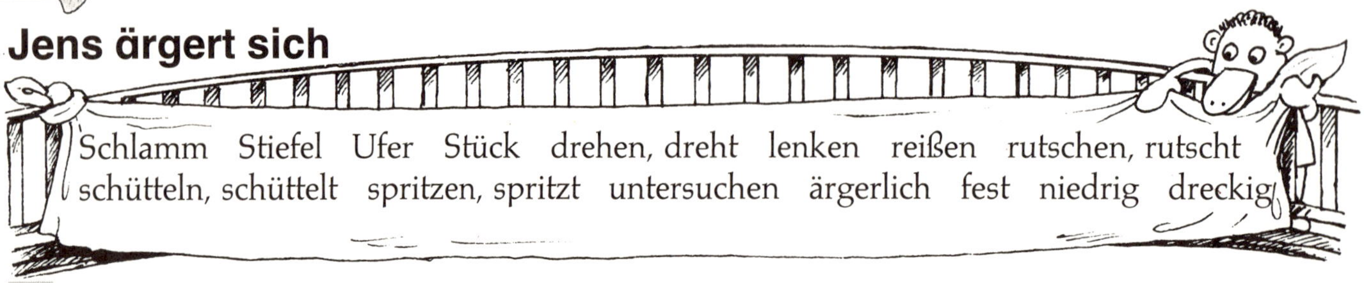

1 Setze die passenden Wörter aus dem Plakat ein:

Jens und Perro ______________ den Bach. Perro ______________ mit Wasser. Jens ______________ sich um und ______________ am ______________ aus. Er fällt in den ______________, ist ______________ und ______________. Als Jens den ______________ ______________, fällt ein 2 DM-______________ zu Boden.

2 Schreibe den Text vollständig auf:

____

____

____

____

____

3 Hier sind 15 Wörter aus dem Plakat versteckt. Übermale sie und schreibe sie auf:

×	b	a	q	u	p	f	x	y	d	d	t
s	p	r	i	t	z	e	n	×	r	l	m
t	o	q	u	l	a	s	×	j	e	l	×
i	p	s	u	r	u	t	s	c	h	e	n
e	y	g	t	u	n	a	b	c	e	n	i
f	s	c	h	ü	t	t	e	l	n	k	e
e	f	×	u	×	e	x	n	q	u	e	d
l	ä	r	g	e	r	l	i	c	h	n	r
s	p	n	t	o	s	t	ü	c	k	×	i
o	t	n	p	s	u	f	e	r	z	a	g
a	d	d	r	e	c	k	i	g	×	k	e
m	m	o	s	c	h	l	a	m	m	e	k
n	a	a	s	r	e	i	ß	e	n	i	g
e	k	n	o	g	n	g	o	n	k	e	g

____

____

____

____

____

____

____

Im Hallenbad

◯ schimpfen ◯ beruhigen ◯ fragen

◯ antworten ◯ sich erkundigen ◯ loben

1 Zu welcher Sprechblase passen die Wörter im Kasten? Trage die Nummer ein.

2 Schreibe die Gespräche auf. Verwende die passenden Wörter für *sagen*:

„Gehe ich wirklich nicht unter?“, fragte Mafuta.

3 Unterstreiche die Redebegleitsätze.

4 Hast du Anführungszeichen und Komma richtig gesetzt? Schreibe sie rot nach.

Verbindu✱ gestört

1 ✱ bedeutet **-ng** oder **-nk**. Verlängere die Wörter mit **e**, **en** oder **er** und schreibe sie mit ihrer Verlängerung so auf:

Verbindungen – Verbindung,

2 Schreibe die Wörter in der Fahrradtasche mit ihren Verlängerungen auf:

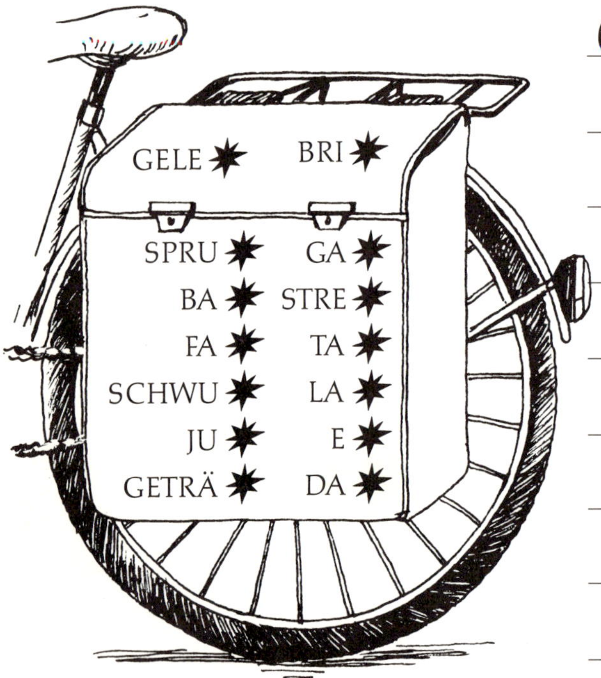

Gelenke – Gelenk,

Wörter werfen

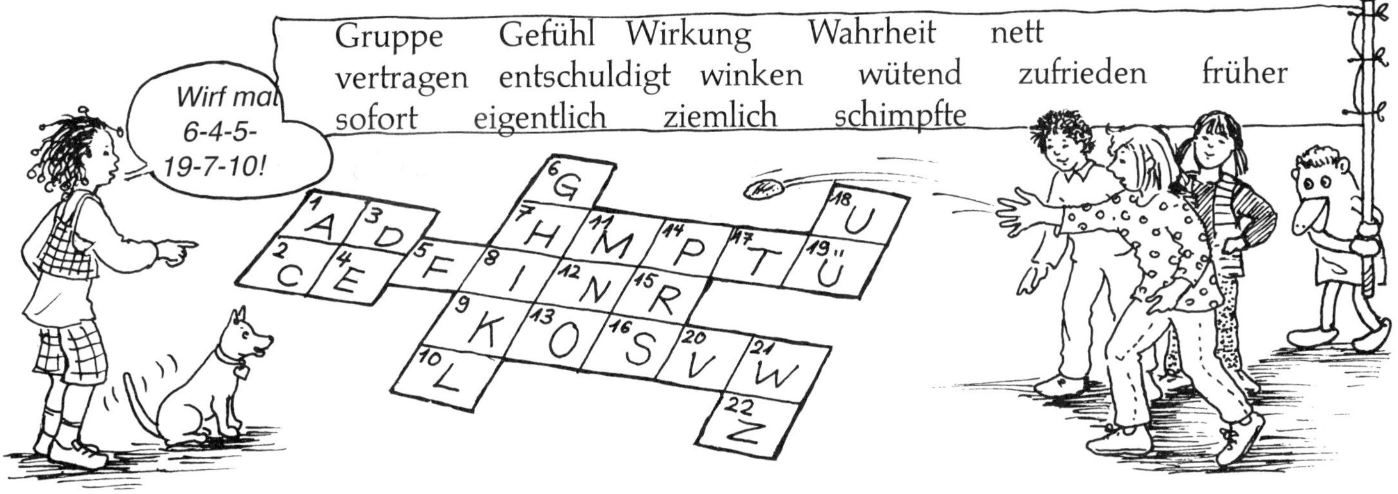

1 Dieses Wort meint Mafuta: _ _ _ _ _ _ _ _

2 Wie heißen diese Wörter? Schreibe sie auf und hake sie in Quiesels Fahne ab:

12-4-●-17 ☐☐☐☐

16-13-●-13-15-17 ☐☐☐☐☐☐

21-8-●-9-4-12 ☐☐☐☐☐☐

6-●-18-14-14-4 ☐☐☐☐☐☐

21-●-17-4-12-3 ☐☐☐☐☐☐

●-15-19-7-●-● ☐☐☐☐☐☐

21-8-15-●-18-12-6 ☐☐☐☐☐☐☐

●-2-7-8-●-14-5-17-4 ☐☐☐☐☐☐☐☐☐

21-●-7-●-7-4-8-17 ☐☐☐☐☐☐☐☐

●-8-4-11-●-8-2-7 ☐☐☐☐☐☐☐☐

22-●-5-15-8-●-3-4-12 ☐☐☐☐☐☐☐☐☐

4-8-●-4-12-17-●-8-2-7 ☐☐☐☐☐☐☐☐☐☐

3 Trage die fehlenden Wörter ein. Achte auf die Satzanfänge und die Nomen/Substantive:

Klaus ist 4-8-6-4-12-17-10-8-2-7 __________ ganz 12-4-17-17 __________, deshalb gehört er auch zu unserer 6-15-18-14-14-4 __________ . 5-15-19-7-4-15 __________ haben wir uns mit ihm nicht gut 20-4-15-17-15-1-6-4-12 __________ . Er nahm es mit der 21-1-7-15-7-4-8-17 __________ nicht so genau und 16-2-7-8-11-14-5-17-4 __________ oft über andere. Wir wurden 22-8-4-11-10-8-2-7 __________ 21-19-17-4-12-3 __________. Jetzt denkt er an unsere 6-4-5-19-7-10-4 __________ und 4-12-17-16-2-7-18-10-3-8-6-17 __________ sich. Nun sind wir 22-18-5-15-8-4-3-4-12 __________ .

Schule früher und heute

Früher saßen die Kinder im Klassenraum in Reihen hintereinander. Heute stehen die Tische und Stühle in Gruppen zusammen. Die Lehrerin stand vorne. Die Kinder schreiben mit Stiften auf Papier. Lernten die Kinder einen neuen Buchstaben, schrieb die Lehrerin ihn an die Tafel. Die Lehrerin geht herum und hilft. Nun diktierte die Lehrerin die Bewegung beim Schreiben: Rauf-runter-rauf-Pünktchen drauf. Das war das i. Die Kinder haben Hefte und Arbeitsblätter. Die Kinder schrieben mit dem Griffel den Buchstaben auf ihre Tafel. Sie lernen einzeln oder in Gruppen. Alle Kinder machten das Gleiche. In manchen Schulen schreiben die Kinder auch mit der Schreibmaschine oder am Computer.

1 Hier sind zwei Texte durcheinander geraten. Unterstreiche die Sätze, die zusammengehören, in jeweils einer Farbe.

2 Suche dir **einen** der Texte aus und schreibe ihn auf:

3 Unterstreiche in deinem Text alle Verben. Überprüfe, ob sie in **einer** Zeitform stehen.

Wörter bauen

1 Bilde mit den Verben und den Wortbestandteilen neue Verben. Schreibe mindestens 20 auf:

____

____

____

____

____

____

2 Unterstreiche die Verben, die etwas mit *Schrift und Schreiben* zu tun haben.

3 Ergänze den Text mit passenden Verben aus der Aufgabe **1**:

Laura hat sich für ihre Tante ein Gedicht ausgedacht. Sie möchte es auf schreiben und verschicken. Sie hat gerade die Hälfte ______________, da kommt ihre Schwester und ruft: „Zeig mal!" Laura will es ihr ______________, aber Tina ______________ ihr das Blatt mit nassen Fingern. Da ist es schon geschehen: Die Tinte ______________ und auf dem Papier ist ein hässlicher Klecks. „Jetzt kann ich alles noch mal schreiben", stöhnt Laura und will das Blatt vom Block ______________. Davon kann Tina sie gerade noch ______________. „Ich habe eine bessere Idee! Du musst das Blatt nicht ______________. Schreib das Gedicht einfach zu Ende. Dann malst du mit dem Füller ein Muster mit Blumen und Ranken. Der Klecks kann dann eine Blume sein!"

Wörterrätsel

Schrift voll ✓ Papier wenig Kunst entstehen Buchstabe persönlich verwenden Rolle beginnen tausend einfach Schale Vase

X	M	K	Z	R	W	X	V	S	C	H	R	I	F	T
V	O	L	L	X	Y	Ä	Q	C	X	Z	W	M	N	A
E	W	T	T	B	V	P	M	H	Q	E	X	X	B	C
R	W	W	C	E	Q	T	P	A	P	I	E	R	X	D
W	E	N	I	G	V	I	W	L	X	N	P	Ü	Ü	M
E	W	B	B	I	W	F	Y	E	X	F	X	C	X	K
N	W	K	U	N	S	T	R	X	V	A	S	E	Y	O
D	W	X	X	N	K	W	X	C	W	C	W	C	X	Z
E	Q	E	Q	E	N	T	S	T	E	H	E	N	L	L
N	X	R	T	N	C	A	X	X	T	X	Q	X	Q	Q
Q	Q	O	Q	X	B	U	C	H	S	T	A	B	E	X
X	W	L	W	X	W	S	W	W	T	X	C	X	V	W
V	V	L	W	E	X	E	X	X	W	W	X	X	Y	U
Q	P	E	R	S	Ö	N	L	I	C	H	X	X	X	Y
X	W	X	W	T	W	D	R	D	K	P	J	M	L	N

1 Im Gitterrätsel sind die Wörter von der Schriftrolle versteckt:

voll,

VER-VA-KEHR-SUCH-VER-SE-KUR-VERB-VIL-VE-LA-VO-VEIL-VER-BAND-GEL-CHEN

Ein Behälter für Schnittblumen
Ein anderes Wort für *Test*
Fahrzeuge auf den Straßen
Biegung in einer Straße
Ein anderes Wort für *Tu(n)wort*
Ein vornehmes Haus
Schutz für Wunden
Ein Tier, das fliegen kann
Frühlingsblume

					V	A	S	E		
		V	E	R	S	U	C	H		
		V	E	R	K	E	H	R		
					K	U	R	V	E	
						V	E	R	B	
						V	I	L	L	A
				V	E	R	B	A	N	D
				V	O	G	E	L		
V	E	I	L	C	H	E	N			

2 Löse das Silbenrätsel. Streiche die verwendeten Silben durch.

3 Das Lösungswort heißt: Schreiben

Sternennacht

(1) überlegen	(3) grübeln	(2) fantasieren	(5) nachdenken
(6) erinnern	(4) ausdenken	(7) sich wünschen	

1 Finde das passende Verb zu jeder Denkblase und schreibe die Ziffern in die Kreise.

2 Schreibe zu jedem Kind einen Satz: Jan überlegt, wo Norden ist. Tim

Einladungen zum Weihnachtsspiel

Freitag, 15.12., 15 Uhr
Aula

Liebe Klasse 2!
Wir laden _____ zu unserem Weihnachtsspiel ein. Wenn _____ Lust habt, könnt _____ auch gerne _____ Geschwister mitbringen.

Patenklasse 4

Freitag, 15.12., 15 Uhr
Aula

An Frau Rektorin Abel,
Sehr geehrte Frau Abel,
wir laden _____ herzlich zu unserem Weihnachtsspiel ein. Es würde uns sehr freuen, wenn es _____ gefällt.

Klasse 4

Freitag, 15.12., 15 Uhr
Aula

An unsere Hausmeisterin
Sehr geehrte Frau Schwan,
wir bedanken uns, dass _____ die Stühle für unser Spiel bereitstellen. Wir würden uns freuen, wenn _____ unser Spiel auch anschauen.

Klasse 4

Freitag, 15.12., 15 Uhr
Aula

An M. Maus, Schillerschule
Liebe Miriam,
schade, dass _____ weggezogen bist, _____ fehlst uns sehr. Wenn es _____ möglich ist, komm doch zu unserem Spiel!
Es grüßen _____ herzlich
alle _____ früheren Mitschüler und Mitschülerinnen

1 Ergänze die Anredepronomen in den Einladungen.
(Die höfliche Anrede schreibt man groß!)

2 Wie würdest **du** eine Einladung an die Eltern der Klasse 4 schreiben?
Schreibe deinen Entwurf auf:

Freitag, 15.12., 15 Uhr
Aula

Sternenrätsel

1 Vergleiche die Sternenwörter mit denen auf dem Fernrohr. Ergänze die fehlenden Buchstaben.

2 Male die Sterne so aus: i = gelb, e = orange, o = hellgrün, u = hellblau, a = rosa.

3 Löse das folgende Rätsel mit Hilfe der Sternenwörter:

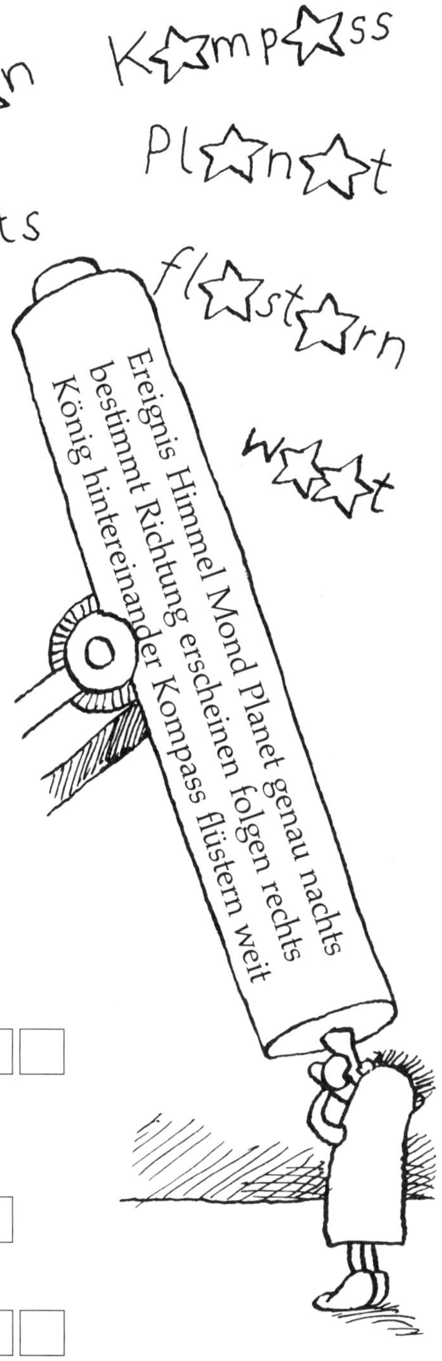

a) Dort kannst du die Sterne sehen **a)** □□□□□□

b) Hinter etwas hergehen **b)** □□□□□□

c) Gegenteil von links **c)** □□□□□□

d) Herrscher über ein Volk **d)** □□□□□

e) Anderes Wort für *exakt* **e)** □□□□□

f) Ein wichtiges Geschehen **f)** □□□□□□□□

g) Gegenteil von *tagsüber* **g)** □□□□□□

h) Damit kann man Himmelsrichtungen bestimmen **h)** □□□□□□□

i) Der Mars ist ein … **i)** □□□□□□

j) Norden ist eine Himmels-… **j)** □□□□□□□□

k) Gegenteil von *nebeneinander* **k)** □□□□□□□□□□□□□□

l) Anderes Wort für *auftauchen* **l)** □□□□□□□□□□

m) Gegenteil von *eng* **m)** □□□□

n) Leise sprechen **n)** □□□□□□□□

o) Umkreist die Erde **o)** □□□□

p) Anderes Wort für *Mit Sicherheit!* **p)** □□□□□□□□

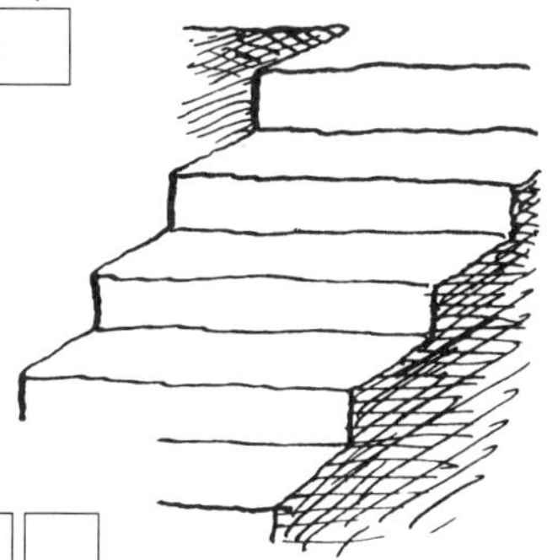

Lösungswörter: □□□□□□, □□□□□□, □□□□

So überleben Tiere den Winter

Fuchs und Luchs nennen wir winteraktive Tiere.	Er sucht unter der Rinde Insekten.
Die Rehe frieren im Winter nicht.	Sie fällt in Winterstarre.
Die Eidechse kann ihr Versteck nicht verlassen.	Sie gehen auch bei Kälte auf Nahrungssuche.
Der Specht hämmert mit seinem Schnabel gegen den Baumstamm.	Sein Winterfell ist weiß.
Das Hermelin ist bei Schnee gut getarnt.	Sie bekommen ein dickes Fell.

1 Welche Sätze gehören zusammen? Verbinde sie mit Strichen.

2 Verbinde die Sätze mit *weil*. Setze ein Komma vor *weil* und achte darauf, dass sich die **Stellung** des Verbs ändert:

Fuchs und Luchs nennen wir winteraktive Tiere,
weil sie auch

Der Fuchs

Die Pfotenabdrücke des Fuchses im Winter erscheinen wie an einer Schnur aufgereiht, weil der Fuchs beim Laufen vorsichtig Pfote vor Pfote setzt. Deshalb sagt man: Der Fuchs schnürt.

Der Fuchs geht meist in der Dämmerung und nachts auf die Jagd. Im Winter muss er auch tagsüber auf Futtersuche gehen, denn dann gibt es wenig Nahrung für ihn. So muss er sich mit Mäusen und anderen kleinen Säugetieren begnügen. Wenn er wenig Jagdglück hat, kommt er oft auch bis zu den Häusern und frisst Abfälle und Aas.

Der Fuchs bekommt im Winter ein rötlich braunes Winterfell. Dann sieht er besonders hübsch aus mit seinem buschigen Schwanz, der spitzen Schnauze und den aufrecht stehenden Ohren. Brust, Bauch und die Spitze seines Schwanzes bleiben weiß gefärbt.

Der Fuchs kann fast überall leben, in Wäldern, Wiesen, Feldern und im Gebirge. Im Januar/Februar paaren sich die Füchse. Im März/April bringt die Füchsin 3-8 Junge (Welpen) zur Welt. Auch wenn es draußen noch kalt ist, frieren die Jungen nicht. Sie kuscheln sich an das dichte Fell der Mutter.

1 Unterstreiche, was du über Aussehen, Nahrung, Lebensraum und Verhalten des Fuchses im Winter erfährst.

2 Schreibe es in Stichworten auf:

Aussehen:

Nahrung:

Lebensraum:

Verhalten:

Im Winterwald

Gegend Specht Spuren Schi Vorräte Fuchs Försterin Unsinn
beobachten graben geschneit wechselt fangen frei sogar Stelle

1 Setze die Wörter aus Quiesels Fahne ein. Hake die verwendeten Wörter ab.

Es hat ___ ___. Die ___ ___ will den Tieren ___ ___ bringen. Sie kennt die ___ ___ und weiß, an welcher ___ ___ das Wild ___ ___. Während sie ___ ___ fährt, kann sie ___ ___ einen ___ ___ und die ___ ___ von einem ___ ___ ___ ___.

2 Vier Wörter aus Quiesels Fahne hast du nicht abgehakt. Schreibe sie auf:

___

Im Winter _en die Bäume kaum.
Fährten im Schnee kann man leicht ver_eln.
Im Winter sind die jungen Füchse er_sen.
Wenn es kalt wird, _eln die Rehe das Fell.
Im Winter ist das Wetter oft _elhaft.

3 Schreibe die Sätze auf. Setze dabei WACHS oder WECHS ein:

___
___
___
___
___
___

Kinder in Palimbei

Am Morgen geht Kumbal die Treppe am Haus hinunter, holt seine Axt und hackt Feuerholz. Bald kommt seine Schwester Simbari nach. Die beiden tragen das Holz ins Haus. Neben der Feuerstelle stapeln sie die Scheite auf. Später kommt die Mutter vom Fischfang zurück. Sie brät die Fische. Dann schält sie Yamsknollen für den Eintopf, schneidet sie in kleine Stücke und setzt sie aufs Feuer. Sie rührt geraspelte Kokosnuss und Sagomehl in den Eintopf. Während sie Jams kocht, backt Simbari Sagofladen. Nach dem Essen arbeitet Kumbal an seiner Schnitzerei weiter. Das Holz dafür stammt von einem Baum, den er selbst gefällt hat. Kumbal ist ein geschickter Schnitzer. Mit Holzhammer und Meißel stellt er eine Figur her. Er will sie an Touristen und Touristinnen verkaufen. Simbari dreht zunächst Schnüre aus Baumfasern für eine Tragetasche. Später klettert sie auf einen Baum und erntet Früchte.

1 Unterstreiche in zwei verschiedenen Farben, welche Arbeiten Simbari und welche Kumbal erledigt.

2 Schreibe es in Stichworten auf:

Kumbal	Simbari
1. hackt Feuerholz	

Leben in einem fernen Land

Die Leute bieten Früchte und Gemüse an. Sie bauen einfache Stände auf. Dort stellen sie ihre Ware aus. Sie legen die Preise nicht fest. Jeden Preis handeln sie einzeln aus. Manchmal tauschen sie auch eine Ware gegen eine andere ein. Am Abend kehren sie in ihr Dorf zurück.

1 Unterstreiche die Prädikate. Sie bestehen alle aus zwei Teilen.

2 Schreibe alle Verben aus diesem Text in der Grundform auf:

bieten an – anbieten, ______________________

____

____

____

____

Das Gegenteil tun

einpacken / auspacken, einsteigen / aussteigen, eintauschen / umtauschen, vormachen / nachmachen, anziehen / ausziehen, vorsingen / nachsingen, vortanzen / nachtanzen

3 Setze die zweiteiligen Prädikate aus dem Kasten ein:

Die Frau __________ im Haus die Waren ________, auf dem Markt __________ sie sie ________. Daheim __________ sie ins Kanu ________, bei der Ankunft __________ sie ________. Häufig __________ sie Waren ________, selten __________ sie diese ________. Die Mutter __________ das Flechten ________, Simbari __________ es ________. Zum Tanz __________ die Männer Grasröcke ________, zum Essen __________ sie sie ________. Die Großen __________ den Kleinen ein Lied ________, diese __________ es ________. Ein Tänzer __________ die Schritte ________, die anderen __________ sie ________.

Simbaris Flechtmuster

1 Schreibe die Wörter nach dem Strichcode auf und hake sie oben ab.

sehr mehr angenehm ihm ihn ihr ohne froh roh ungefähr ähnlich während

2 Trage die Wörter aus dem Kasten ein:

(eh)	(äh)	(oh)	(ih)
(ih)	(eh)	(äh)	(oh)
(oh)	(ih)	(eh)	(äh)

3 Wähle für **eh**, **ih**, **oh** und **äh** jeweils verschiedene Farben. Male damit die Kästchen aus. Du erhältst ein Muster.

fühlen fehlen führen fahren Mahl Mehl wählen wühlen Kehle Kohle Ohr Uhr

4 Trage die Wörter aus dem Kasten ein:

(ah)	(üh)	(eh)	(oh)
(üh)	(äh)	(uh)	(eh)
(oh)	(üh)	(eh)	(ah)

5 Wähle für **oh**, **üh**, **eh**, **ah**, **äh** und **uh** verschiedene Farben. Male damit die Kästchen aus.

Unser Vampirfest

1 Beantworte die Fragen:

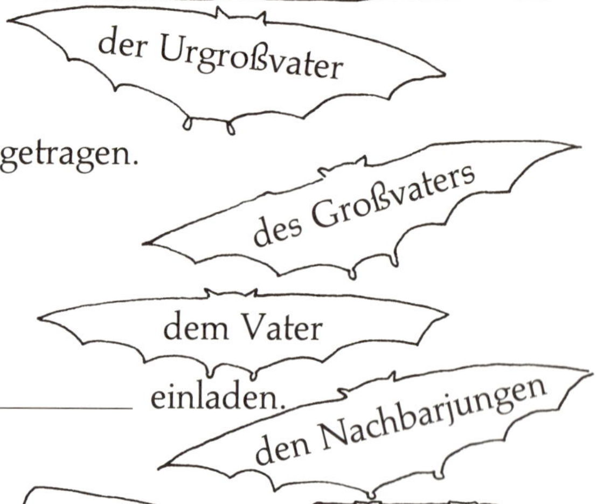

__________________ (Wer?) hat diesen Umhang getragen.

Es ist das Gebiss __________________ (Wessen?) .

Die Maske gehört __________________ (Wem?) .

Die Kinder wollen noch __________________ (Wen?) einladen.

2 Setze die Nomen/Substantive von der Truhe ein:

__________________ (Wer?) steht auf dem Boden.

Der Deckel __________________ (Wessen?) steht halb offen.

Aus __________________ (Wem?) schaut ein Umhang heraus.

Die Kinder öffnen __________________ (Wen?) ganz.

3 Setze die fehlenden Formen der Nomen/Substantive in die Tabelle ein:

Wer?	**Wessen?**	**Wem?**	**Wen?**
die Fledermaus	der Fledermaus	der Fledermaus	die Fledermaus
__________	__________	dem Gespenst	__________
der Vampir	__________	__________	__________
__________	des Umhangs	__________	__________

Nach dem Kino

Anna und Olaf haben im Kino ihren ~~Annas und Olafs~~ Lieblings-Vampirfilm gesehen. Auf dem Heimweg tanzen Annas und Olafs Schatten, als würden Geister nach Anna und Olaf schnappen.

Annas Herz klopft und Annas Beine zittern. Annas Bruder fürchtet sich auch. Zu Hause warten Annas und Olafs Eltern. Anna geht gleich in Annas Bett. Olaf träumt vom Film, weil er den Film gruselig fand.

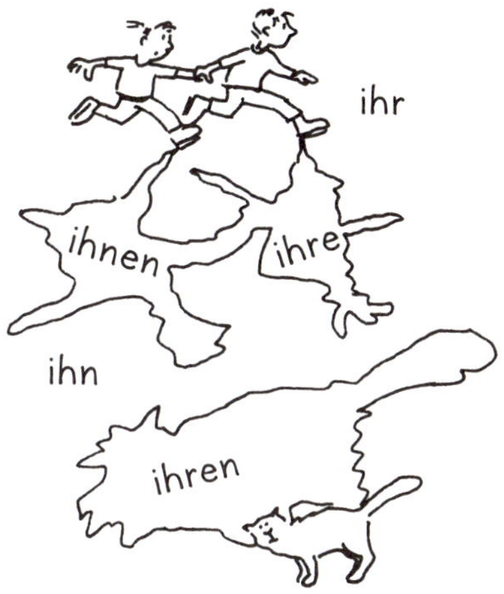

1 Ersetze die unterstrichenen Wörter durch Pronomen und schreibe sie darüber.

2 Schreibe den verbesserten Text auf:

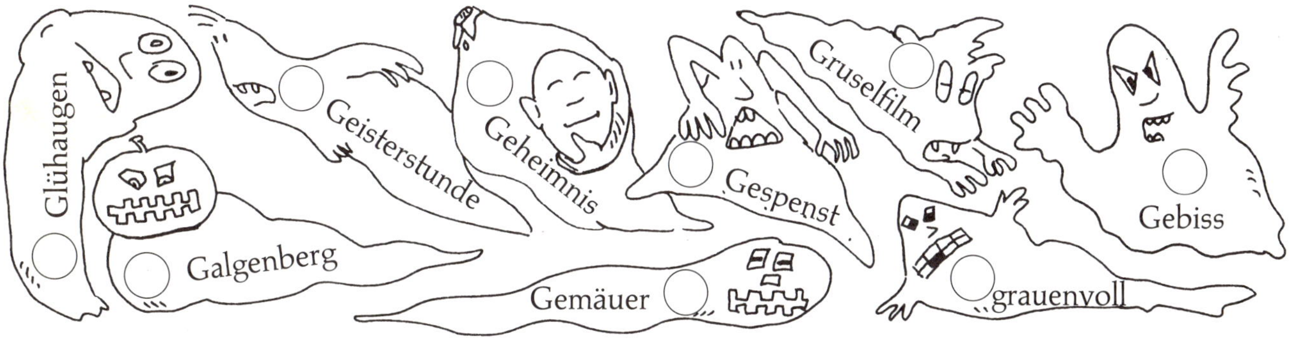

3 Nummeriere die Gruselwörter nach dem ABC und schreibe sie geordnet auf:

Zum Gruseln

Vampir Geist Herz Schatten Zahn Arzt Quatsch Besen
fürchten Gebiss lieben zittern normal spitz gruselig

1 Löse das Rätsel mit den Wörtern aus der Fahne. Hake dort ab.

2 Das Lösungswort heißt:

____

3 Diese Wörter aus der Fahne wurden im Rätsel nicht verwendet:

____

____

____

4 Setze die Wörter von Quiesels Fahne in das Gitter ein:

				S	S			I	E							R	M		
				T	T								I	R			R	Z	
	U	A								H					T	T			
			C	H							R	Z					S		
						I	G					T	Z					S	T

Bi  iger Hund bei  t Vampir?

In Bei  enhausen bei 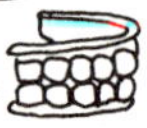 t ein bi  iger Hund ohne Bei 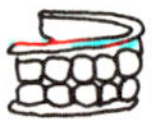 korb mit seinem Gebi 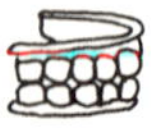 einen Vampir, der ihm nichts von seinem Blutwurst-Imbi  abgibt. Die Bi  wunde blutet kein bi  chen. Soll der Vampir zurückbei  en?

5 Vampirzähne haben **ss** und **ß** herausgebissen. Schreibe die Sätze vollständig auf:

____

____

____

____

____

Ritterrätsel

Bur|gen Ritter Bauer Not Gebäude Burgherr Damen Museum
kämpfen Unterricht Verwaltung pflegen sorgen höflich schließlich

1 Trenne die Wörter in der Fahne in Silben.

2 Ergänze die Silben auf den Mauersteinen.
Hake die eingetragenen Wörter ab.

Bur	______	______	men	Burg	______	______	ter	
sor	______	______	______	de	______	______	um	
______	fen	______	______	richt	______	______	wal	______
höf	______	pfle	______	______	er	schließ	______	

3 Schließe das Loch in der Mauer durch das Wort, das aus der Fahne übrig blieb.

4 Löse die Bilderrätsel:

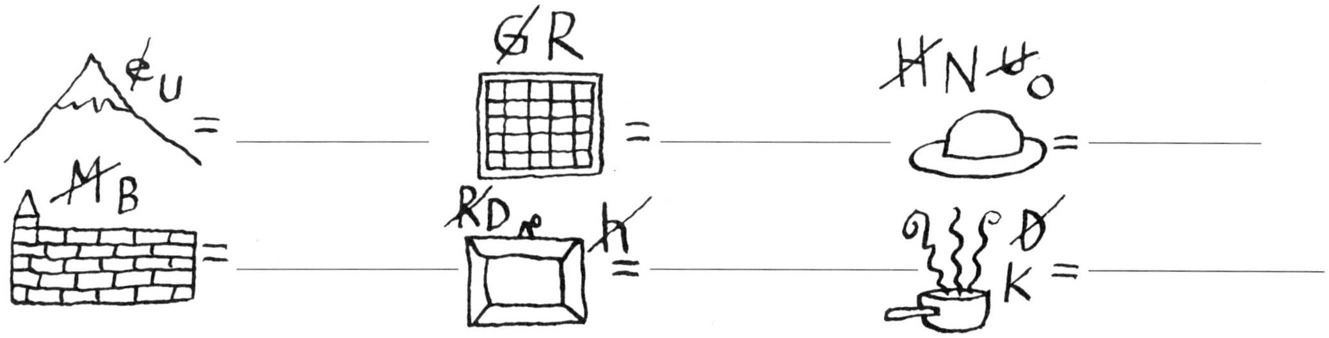

5 In welchen Wörtern aus der Fahne stecken diese Wörter? **Ritt** in: ______________,

Bau in: ______________, **am** in: ______________, **Mus** in: ______________,

legen in: ______________, **Wal** in: ______________,

ließ in: ______________, **ich** in: ______________ *oder* ______________

oder ______________, **Herr** in: ______________, **Amen** in: ______________

Am Burgtor

1 Ergänze den Text mit den Verben auf dem Tor:

Gestern __________ ein Ritter ans Burgtor. Er __________ : „Macht auf!" Ein Wächter __________ . Er __________ den Ritter und auch sein Wappen nicht. Er __________ den Fremden nach dem Namen. Der Ritter __________ . Er __________ auch nicht sein Visier. Aber er __________ eine Papierrolle. Der Wächter __________ . Kurz darauf __________ der Burgherr den Fremden: „Willkommen, Trutz! Was ist los?" Trutz __________ : „Lasst mich ein. Ich werde verfolgt!"

2 Suche zu den elf Verben, die du eingetragen hast, die Grundform.
Schreibe die Wortpaare auf:

pochte – pochen, __________

____

____

____

____

Im Burghof

1 Ergänze die Sätze mit den Verben auf der Mauer:

Der Wächter ______________ das Tor mit einem großen Schlüssel. Der Burgherr ______________ die Risse an der Mauer ausbessern. Der Schmied ______________ das Ross am Zügel. Ein Knappe ______________ zum Spaß auf eine Scheibe. Eine Magd ______________ Körner in einem Gefäß. Ein Knecht ______________ sich Wasser auf die Füße.

2 Suche zu den Verben auf der Mauer die Grundform und schreibe die Wortpaare auf:

schließt – schl

3 Kreise im Text die Wörter mit **ss** rot und die mit **ß** blau ein.

4 Schreibe aus dem Text oben alle Wörter mit **ss** und **ß** heraus:

ss: ______________

ß: ______________

5 Kreise bei den Wörtern von Aufgabe **4** alle langen Selbstlaute blau ein.

Die Sprache der Sprechblasen

1 Betrachte Form und Inhalt der Sprechblasen. Trage die passenden Satzzeichen ein.

das Baby, die zornige Frau, der kleine Jan, Simon, Eva, Petra, das verletzte Kind, Daniel	(1) hauchen (2) jammern (3) flüstern (4) jubeln (5) brabbeln (6) flehen (7) kreischen (8) toben

2 Welche Verben passen zu den Sprechblasen? Schreibe die Ziffern in die Kreise.

3 Schreibe jede Sprechblase als wörtliche Rede mit Begleitsatz auf. Verwende dazu die Angaben zu den Personen im Kasten:

Das Baby brabbelt: „

Bilderrätsel

1 Welche Dinge sind hier dargestellt? Überlege dir zu jedem Wort zuerst eine Verlängerung, dann weißt du, wie du den letzten Buchstaben schreiben musst. Kreise ihn ein:

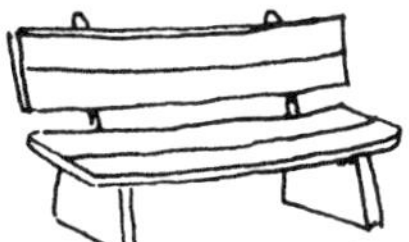 Bänke → Bank		

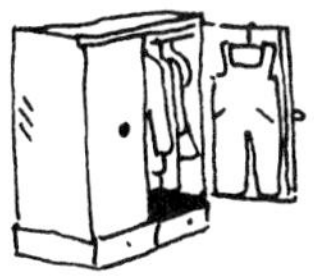		

Mario bekommt 

Mario durfte  seinen  Sven besuchen. Heute durfte er die  über bleiben, da sonst  zu Hause war. Beide freuten sich , denn diesmal wollten sie  ins Bett gehen. Zuerst tobten sie  herum. Plötzlich schrie Sven  auf. Zitternd zeigte er auf die .
„Da, ein  !" Mario lachte: „Das ist doch nur ein , du Angsthase!"

2 Übersetze die Bilderschrift. Schreibe die übersetzten Wörter zuerst in der Verlängerung, dann ohne Verlängerung auf:

Ängste – Angst,

Bilder lesen

Foto Besuch Abend Mittag Person begeistern betrachten erfinden staunen berühmt einige hundert hilflos verschieden komisch gemeinsam

1 Schreibe zu jedem Bild ein Wort aus der Fahne:

GEMEINSAMKEIT KOMIKER VEREINIGEN UNTERSCHIED RUHM ERSTAUNLICH FOTOGRAFIEREN BETRACHTUNG BESUCHEN ABENDS MITTAGS HUNDERTSTEL HELFEN FINDERLOHN GEIST PERSÖNLICH

2 Suche zu jedem Wort in der Tabelle ein verwandtes Wort aus dem Kasten. Achte beim Eintragen auf die Groß- und Kleinschreibung.

3 Unterstreiche jeweils bei beiden Wörtern den Wortstamm farbig.

In der Werbeagentur

1 Stelle mit dem Würfel lustige Werbetexte zusammen und schreibe sie auf.
Du musst für jeden Text vier Mal würfeln.

2 Unterstreiche in jedem Satz das Subjekt schwarz und das Prädikat rot.

Ein Werbefilm entsteht

1 Vervollständige die Gespräche mit den passenden Nomen/Substantiven auf **-ung**:

2 Schreibe die beiden verwandten Wörter aus den Sprechblasen auf. Suche aus dem Papierkorb jeweils ein passendes Wort dazu:

bewegen – Bewegung – beweglich,

WELTNEUHEIT WÖRTERSORTIERMASCHINE
EIN SPITZENPRODUKT AUS QUIESELS WERKSTATT

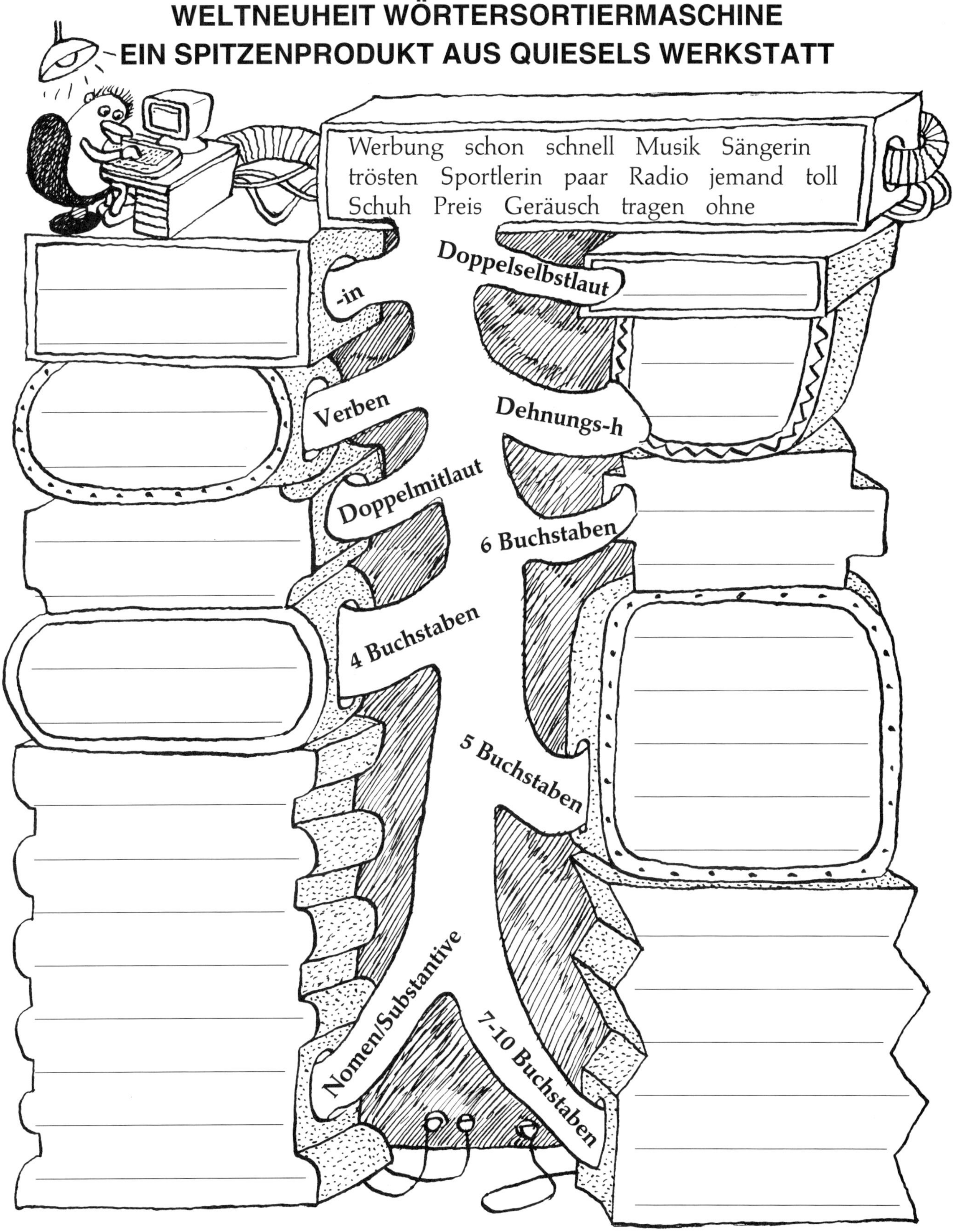

1 Schreibe die Wörter in die richtigen Ablagekästen der Maschine.
Verwende sie so oft wie möglich.

Was wird hier gespielt?

Schach spielen

Computerspiel spielen

Blindekuh spielen

Drachen steigen lassen

Tennis spielen

Tina schiebt die Maus hin und her.
Sie spielt ein ____________

Olga sucht ein rotes Teil.
Sie legt ____________

Peter hält die Lenkschnur fest.
Er lässt ____________

Lisa setzt den Bauern vor die Dame.
____

Klaus und Tina stecken bunte Steine zusammen.
____

Karin hüpft auf einem Bein.
____

Tim hat ein Tor geschossen.
____

Klaus hat die Augen verbunden.
____

Pit bläst bunte Kugeln in die Luft.
____

Jan und Jule schlagen Bälle über ein Netz.
____

Puzzle legen

Legohäuser bauen

seilspringen

Fußball spielen

Seifenblasen machen

1 Ergänze den Text. Benutze das passende Personalpronomen.

2 Unterstreiche die Satzglieder, die auf die **Wen/Was-Frage** antworten.

Oma erzählt

1 Oma benutzt beim Erzählen die zusammengesetzte Vergangenheitsform. Setze die Verben aus der Denkblase ein. Du musst sie verändern und *haben, hat* oder *sind* dazu setzen.

Unsere Familie __________ nahe am Wald ____________________ . Wir Kinder ____________ fast immer draußen herum ____________________ . Im Wald ______________ wir alle Winkel ____________________ . Wir ____________ auf jeden Hochsitz ____________________ .

Manchmal ______________ wir auch Steinzeit __________________ . Wir ______________ dann Feuersteine aneinander ______________________ , bis es Funken gegeben hat.

2 Ergänze die Tabelle mit den passenden Verbformen:

Grundform	zusammengesetzte Vergangenheit	einfache Vergangenheit
spielen	ich habe gespielt	ich spielte
		ich wohnte
rennen	ich bin gerannt	
		ich erforschte
klettern		
	ich habe geraten	ich riet
schlagen		ich schlug
	ich bin geflohen	
	ich habe gewonnen	ich gewann

Flippern mit Quiesel

1 Ordne die Wörter in den Flipper-Kasten ein. Du kannst manche mehrfach verwenden.

Im Fernsehstudio

In ______ bindung mit dem Jahresausflug hatte die 4. Klasse die ______ sichtigung eines Fernsehstudios geplant. Kaum hatten die Kinder Platz genommen, gab es eine ______ zögerung, weil die ______ leuchtung eingerichtet werden musste. Zur ______ ruhigung und ______ sorgung wurden Getränke gereicht. Die ______ teilung und die ______ dienung der Gäste klappten prima. Nach der ______ längerung und ______ festigung einiger Kabel ging es weiter mit den Aufnahmen.

1 VER- oder BE-? Ergänze die Wörter im Text.

2 Schreibe die Wörter auf, die so entstanden sind:

____

____

____

3 Unterstreiche den Wortbaustein, den alle Wörter gemeinsam haben.

4 Bilde mit den Wörtern auf der Kamera Nomen/Substantive mit **-ung** und schreibe sie auf:

____

____

____

Die ganze Familie sieht fern

1 Wem gefällt welche Sendung? Schreibe solche Sätze:

Die Tagesschau gefällt der Oma.

2 Untersteiche in den Sätzen das Satzglied, das auf die Wem-Frage antwortet.

3 Welche Video-Kassette könnte man wem schenken? Schreibe solche Sätze:

„So leben Bären" könnte man der Mutter schenken.

Schnittsalat

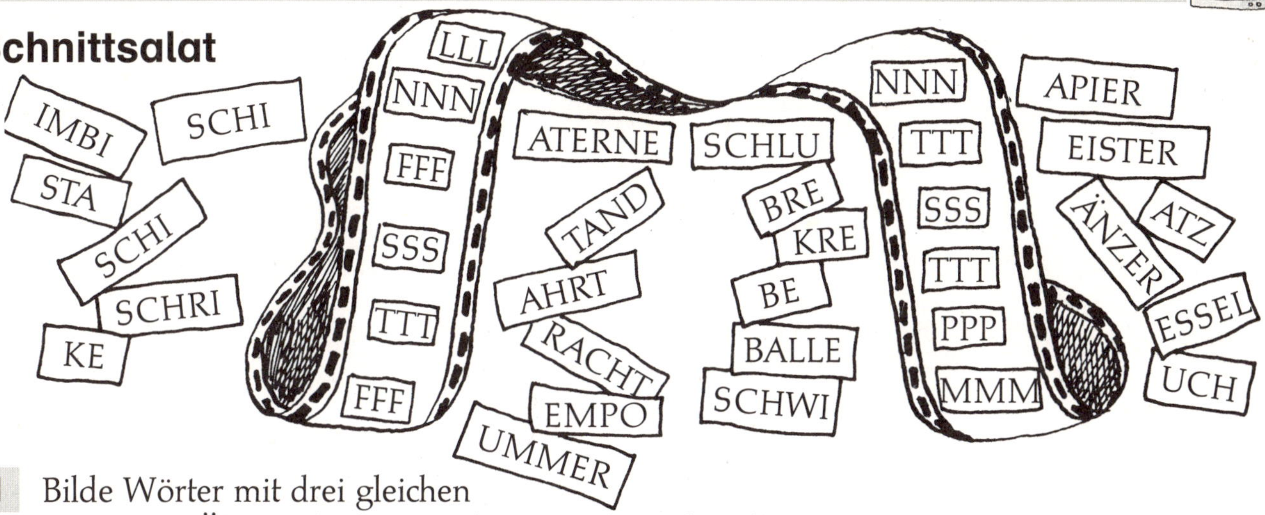

1 Bilde Wörter mit drei gleichen Mitlauten. Übermale die Kästchen jeweils in derselben Farbe.

2 Schreibe die Wörter auf:

aremaK, eglofnehieR, tarappA, thcireB, ttinhcssuA, broK, tsruW, tsbles, oediV, nessalrev, mhenegna, hcilssäh, nereiborp, hcilkriw, dnilb, sknil

K_m_r_ bl_nd
R__h_nf_lg_
__sschn_tt
W_rst K_rb
_pp_r_t
B_r_cht

w_rkl_ch
V_d___h_ssl_ch
l_nks s_lb__
pr_b__r_n
_ng_n_hm
v_rl_ss_n

3 Auf diesen Videotext-Tafeln sind die Selbstlaute ausgefallen. Setze sie ein.

4 Schreibe die Wörter auf und unterstreiche Nomen/Substantive schwarz, Verben rot und Adjektive grün. Es bleiben zwei Wörter übrig.

In der Sporthalle

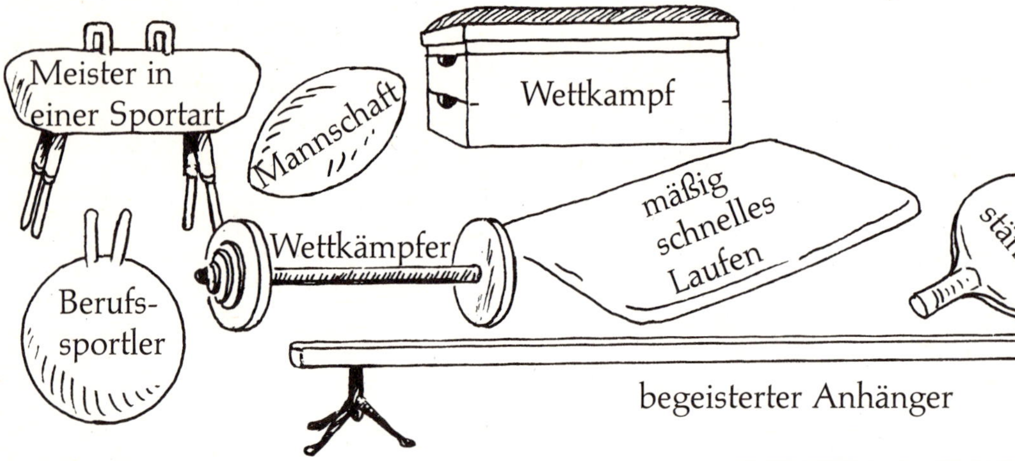

Athlet	Team	Champion	Stadion	Profi	Fan	fair	Match	Jogging

1 Schreibe die Fremdwörter mit den Erklärungen auf:

Athlet = ______________________________

____

____

____

____

Übung Mannschaft Wettkampf Sekunde Schulter Anzug Pech Judo
Gegner Naht siegen verletzen platzen passieren verdutzt Mann

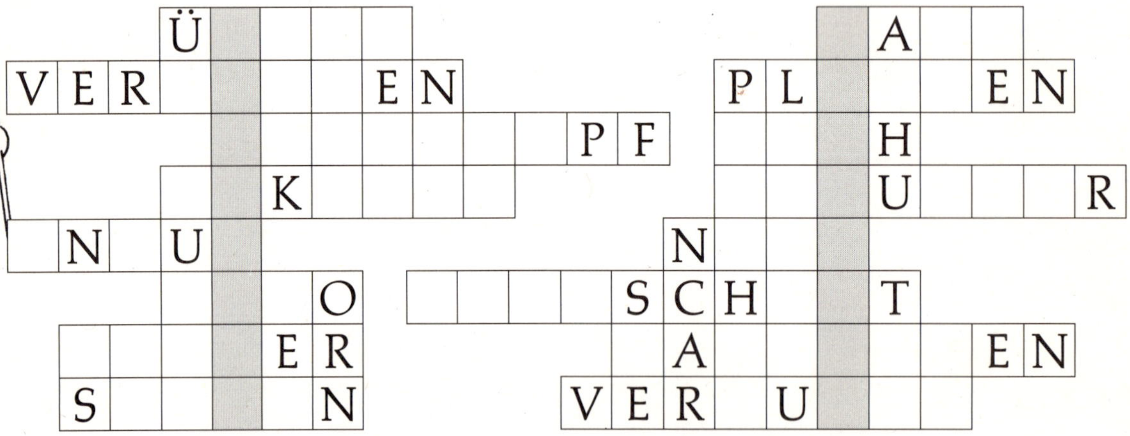

2 Setze die Wörter aus der Fahne richtig ein und hake sie dann dort ab.

Die Lösung heißt: ______________________________!

Knobelige Quieseleien

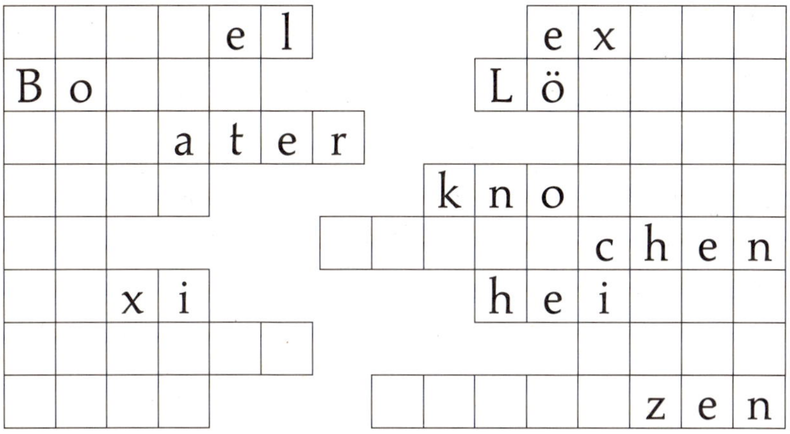

1 Trenne die Wörter im Knobelbecher durch einen Strich in Silben: *Rät/sel, …*

2 Ergänze die fehlenden Silben in den Kästchen. Trage dann die einsilbigen Wörter ein.

3 Aus welchen Wörtern stammen diese Wörter?

Thea aus: ______________, **ach** aus: ______________, **suche** aus: ______________,

heiß aus: ______________, **setze** aus: ______________, **ob** aus: ______________,

er aus: ______________ *oder*: ______________ *oder*: ______________

oder: ______________, **nobel** aus: ______________, **Mai** aus: ______________

Sprechstörung

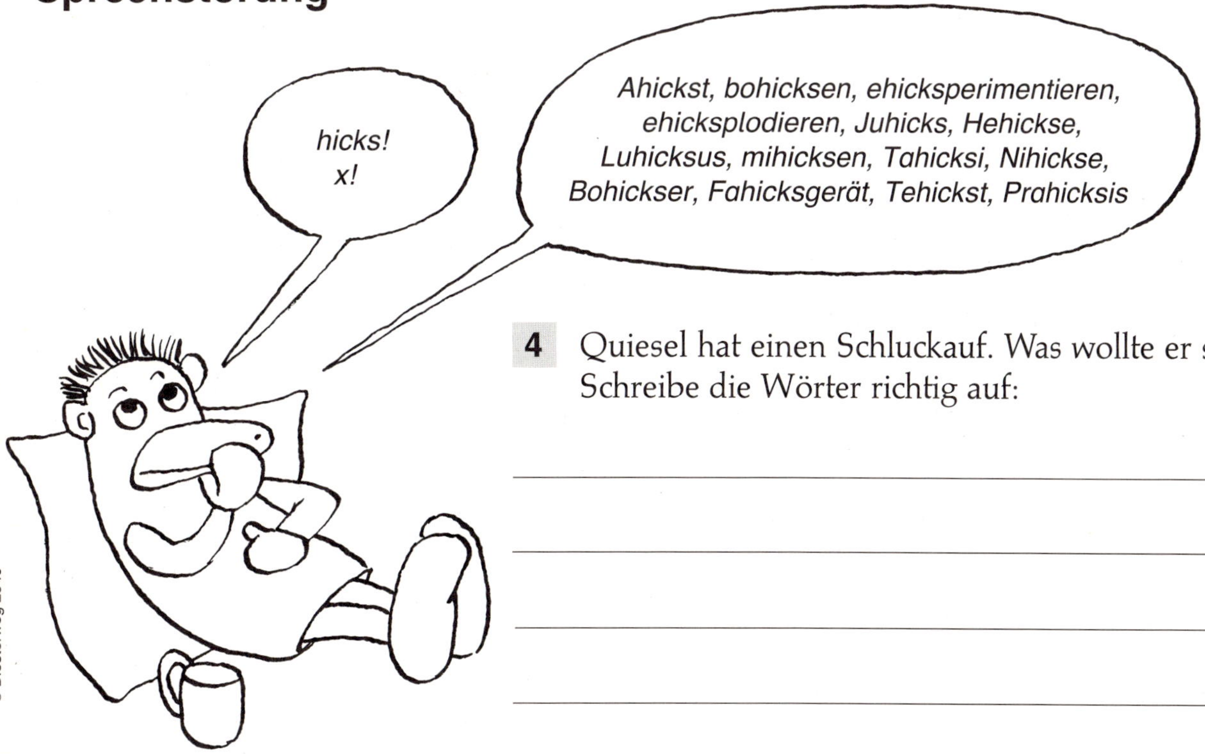

4 Quiesel hat einen Schluckauf. Was wollte er sagen? Schreibe die Wörter richtig auf:

____

____

____

____

Dreckfuhlerteufel am Werk

Klasse 4a bestreitet Wandballspiel gegen Lehrerinnen

22 Rinder besuchten das Eisenbahnmuseum

Starker Regenkuss stört Spiele beim Dorfnest

Neues Gedicht nach Besuch der Schönheitsfarm

Berlin wird Regierungswitz

Mädchen von den Brüdern Grimm – Lesung in der Bücherei

Rennprofi Schumi: Meine neue Marine ist zu langsam!

Klasse 3 drückte eine Schülerzeitung

Filmstar Daila gibt ein erstes Inderview

1 Finde heraus, was der Druckfehlerteufel hier angestellt hat. Streiche die falschen Buchstaben durch und schreibe die richtigen darüber.

2 Schreibe die Wörter aus der Zeitung richtig auf: